한국외국어대학교 국제지역연구센터 ⑩
HK+국가전략사업단 지역인문학 총서

북방연구 시리즈: 우리에게 북방은 무엇인가

북방 문화정치의 접점

코카서스 3국의 현재와 한국과의 교류

송병준

현 한국외국어대학교 국제지역연구센터 HK+국가전략사업단 연구교수
한국외국어대학교 국제관계학과에서 유럽통합을 주제로 박사학위를 받음
저서로는 [유럽통합이론], [한-EU 관계론] 등
논문으로는 [발틱 3국의 독립과 체제전환: 동인, 과정 및 함의], [아르메니아-아
제르바이잔 분쟁의 기원과 전개] 등 다수.

E-mail: flyingufo@daum.net

북방 문화정치의
접점
코카서스 3국의 현재와
한국과의 교류

초판인쇄 2021년 12월 31일
초판발행 2021년 12월 31일

지은이 송병준
펴낸이 채종준
펴낸곳 한국학술정보㈜
주 소 경기도 파주시 회동길 230(문발동)
전 화 031) 908-3181(대표)
팩 스 031) 908-3189
홈페이지 http://ebook.kstudy.com
E-mail 출판사업부 publish@kstudy.com
출판신고 2003년 9월25일 제406-2003-000012호

ISBN 979-11-6801-321-6 94340
ISBN(세트) 979-11-6801-311-7 (전 10권)

한국외국어대학교 국제지역연구센터 ⑩
HK+국가전략사업단 지역인문학 총서
북방연구 시리즈: 우리에게 북방은 무엇인가

북방 문화정치의 접점

코카서스 3국의 현재와 한국과의 교류

송병준 지음

본서는 2021년 12월 6일부터 12월 27일까지 4주에 걸쳐 매주 화요일 디지털타임스에 연재된 내용들을 정리한 것임을 밝힙니다.

이 책은 2020년 대한민국 교육부와 한국연구재단의 지원을 받아 수행된 연구임(NRF-2020S1A6A3A04064633)

북방연구 시리즈:
우리에게 북방은 무엇인가?

　본 북방연구 시리즈는 한국외국어대학교 국제지역연구센터 HK+국가전략사업단의 "초국적 협력과 소통의 모색: 통일 환경 조성을 위한 북방 문화 접점 확인과 문화 허브의 구축"이라는 아젠다의 2년차 연구 성과를 담고 있다. 총 10권의 책들로 구성되어 있는 시리즈는 아젠다 소주제의 하나인 '우리에게 북방은 무엇인가'라는 질문에 대한 연구진의 답변으로, 2021년 한 해 동안 일간 디지털타임스에 매주 '북방문화와 맥을 잇다'라는 주제로 연재됐던 칼럼들을 기초로 작성되었으며 아래 세 가지에 주안점을 두고 집필하였다.

　첫째, 간결하고 평이한 문체를 사용하고자 노력하였다. 사업단의 연구내용을 관련 분야에 종사하는 연구자 및 전문가는 물론 일반대중과 학생들도 쉽게 읽고 이해할 수 있기를 바란다.

둘째, '우리에게 북방은 무엇인가?'라는 질문에 답하는 과정에서 가능한 다양한 시각을 포괄하고자 노력하였다. 정치와 외교, 국가전략, 지리, 역사, 문화 등 다양한 입장에서 살펴본 북방의 의미를 독자 대중이 쉽게 이해할 수 있기를 바란다.

셋째, 통일이라는 목적성을 견지하면서 북방과의 초국적 협력 및 소통이 종국적으로 한반도와 통일 환경에 미칠 영향에 대해 다양한 시각으로 접근하였다.

통일은 남과 북의 합의는 물론 주변국과 국제사회의 협력이 필수적인 지극히 국제적인 문제다. 그리고 북방과의 관계 진전은 성공적인 통일 환경 조성에 필수적 요소다. 본 시리즈가 북방과의 초국적 협력을 통한 한반도 통일 환경 조성에 미약하나마 기여할 수 있기를 기대한다.

2021년 12월
집필진을 대표하여
HK+국가전략사업단장 강준영

목차

01

코카서스 3국의 이해

■ 유럽과 아시아의 교차로

조지아(Georgia), 아르메니아(Armenia) 및 아제르바이잔(Azerbaijan)은 터키영토의 대부분을 차지하는 소아시아(Asia Minor) 혹은 아나톨리아(Anatolia)를 넘어 동쪽에 위치한다. 이들 3국은 러시아, 터키, 이란과 국경을 접하고, 흑해와 카스피해를 통해 동유럽과 중앙아시아와 연결된다. 이러한 지정학적 위치로 코카서스 3국은 '중간에 위치한 땅(the lands in between)'으로 불릴 정도로 유럽, 아시아, 러시아 및 중동지역의 길목으로, 오랜 기간 아랍, 몽골, 이란 및 러시아 등 주변 강대국의 지배를 받아왔다.

코카서스 3국이 지정학적 경계라는 의미는 문화와 종교적으로 기독교와 이슬람 국가의 경계선 이라는 사실도 함유한다. 이러한 지리적 요인으로 코카서스 3국은 유럽의 일원인가 하는 문제가 오래전부터 제기되어 왔다. 코카서스 3국은 아시아의 가장 서쪽에 위치한 터키에 빗대어 유럽의 가장 동쪽에 위치한 곳으로 회자될 정도로 유럽대륙에서 외떨어진 지리적 위치와 유럽 문화 이외의 이질적 요소도 상당 부분 함유하고 있다.

1990년대 초 코카서스 3국은 독립 뒤 모두 유럽 지향적 노선을 취하며 유럽에서 최초로 출범한 통합기구인 유럽평의회(Council of Europe)에 가입을 신청하였다. 당시 유럽평의회에서는 지리적 요인을 들어 코카서스 3국의 유럽 귀속을 논의한 결과, 유럽적 정체성을 갖는 유럽국가로 인정하여 가입을 승인하였다. 이와 같이 코카서스 3국은 유럽평의회와 유럽연합(EU)에서 역사, 민족, 종교, 문화적 이유를 들어 유럽국가로 인정하여, 현재는 유럽의 여러 지역기구에 가입되어 있다.

한편으로 유럽연합의 코카서스 국가에 대한 시각은 다분히 정치적이다. 유럽연합은 회원국인 27개국 이외의 유럽 국가를 크게 발칸, 동유럽(Eastern Europe), 러시아로 구분하여 각기 정책을 달리한다. 여기서 동유럽 범주는 우크라이나, 몰도바, 벨라루스, 조지아, 아르메니아 및 아제르바이잔 등 6개국이다. 발칸국가는 추후 유럽연합 가입을 전제하여 경제사회적 지원이 집중된다. 이에 따라 발칸국가인 슬로베니아는 2004년 그리고 크로아티아는 2013년에 유럽연합에 가입하였다.

반면 유럽연합은 동유럽과 러시아에 대해서는 가입을 배제한 가운데 지역적 안정을 위한 소극적 협력과 지원에 주력한다. 동유럽에서의 정정불안은 결국 유럽연합으로의 불법이민을 유발하고 안보를 위협하기 때문이다. 특별히 유럽연합은 동유럽 6개국에 대해서는 2014년 이후 근린외교정책(ENP: European Neighbourhood Policy)으로 명명한 별도의 정책을 운영하고 있다.

정치적, 지리적 관점에서 에스토니아, 라트비아 리투아니아, 루마니아 및 불가리아 등은 유럽의 동쪽에 위치하여 냉전시대에는 동유럽으로 지칭하였다. 그러나 냉전 후 이들 국가들이 유럽연합에 가입하면서 체코, 헝가리, 슬로바키아 및 폴란드를 포함해 냉전시대 동유럽으로 명명하였던 국가들은 중동유럽(Central Eastern Europe)으로 분류하여 동유럽과 차별성을 둔다. 이는 다분히 정치적 관점에서 지역적 범주를 설정한 것으로, 체코와 유사하게 동쪽에 치우친 오스트리아와 핀란드가 관행적으로 서유럽으로 분류되는 것과 유사한 맥락이다.

중요한 사실은 동유럽으로 분류된 코카서스 3국은 유럽연합과 북대서양조약기구(NATO: North Atlantic Treaty Organization) 등 핵심적인 유럽통합기구에 가입이 배제

된 가운데 타 유럽 국가와 구분된다는 점이다. 이러한 관점은 유럽연합 비회원국인 터키보다 동쪽에 위치한 지리적 요인, 코카서스 지역에 대한 러시아의 영향력 그리고 정치, 경제사회적 낙후 등 여러 요인에 기인한 다. 특별히 경제적 취약성은 코카서스 3국을 유럽대륙 국가와 구분 짓는 중요한 잣대이다. 지중해 동쪽에 위 치하여 중동지역과 인접한 사이프러스가 2004년 유럽연 합에 가입하였다는 사실은 이를 반증한다.

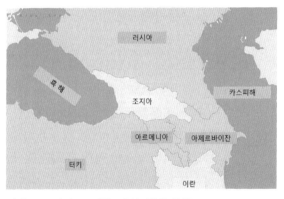

사진 1. 코카서스 3개국 (출처) 필자 구성

■ 코카서스 3국의 정치경제

코카서스 3국은 모두 코카서스 산맥에 위치하며 흑

해와 카스피해와 접해 아름답고 청정한 풍광을 자랑한
다. 또한 와인과 코냑 그리고 풍족한 자연환경과 오랜
역사로 음식문화도 발달하여 천혜의 관광지로 널리 알
려진 국가들이다. 그러나 이들 3국은 오랜 기간 이민
족으로부터 지배를 받은 역사를 갖고, 현재에도 민족
간 대립과 영토분쟁으로 유럽에서 정치적으로 가장 불
안정한 지역 중 하나이다.

코카서스 3국을 구성하는 조지아에서는 기원전 6,000
년 전의 와인재배 유적지가 발굴되었으며, 아르메니아
인은 자신들의 조상이 기원전 2,000년경부터 현재의 아
르메니아 고원(Armenian Plateau)에서 나라를 세우고 거
주하였다고 믿는다. 이와 같이 코카서스 3국은 인류 문
명과 함께한 오랜 역사를 갖는 지역이다. 그러나 코카
서스 3국은 중세이후 페르시아와 러시아의 오랜 지배
를 받았고, 20세기 초 잠시 독립 국가를 이루었으나 소
련에 재점령되고, 1992년 독립하여 현재에 이르지만 3
국 모두 민족분규로 내전과 전쟁을 겪었다.

조지아는 1991년 독립 직후 압하지아(Abkhazia)와 남
오세티아(South Ossetia)에서 민족분규로 내전을 치르고,
2008년에는 러시아와 전쟁을 치르며 어려운 시기를 보
냈다. 이후 2010년대 들어 부패척결을 동반한 정치적 개

혁으로 정치가 안정되면서 천혜의 자연환경을 내세운 코카서스 지역의 대표적인 관광국가로 발전하고 있다. 아르메니아 역시 1991년 소련으로부터 독립 후 인접한 아제르바이잔과 갈등으로 상호간 인종청소와 전쟁을 치르고, 2020년에도 또 다시 아제르바이잔과의 충돌로 코카서스 3국 중 정치적으로 가장 불안정하며 경제적으로도 낙후되어 있다.

역시 1991년 소련으로부터 독립한 아제르바이잔은 조지아와 아르메니아와는 정치, 경제적으로 다른 행보를 이어오고 있다. 조지아와 아르메니아가 시민혁명을 겪으며 불안전한 민주주의 체제를 유지하는 반면, 아제르바이잔은 독립 직후인 1993년부터 헤이다르 알리예프(Heydar Aliyev)와 아들 일함 알리예프(Ilham Aliyev)이 30여 년간 장기 통치를 하고 있다. 아제르바이잔은 1994년부터 원유채굴이 시작되었고 1999년 대규모 가스전 개발로 경제가 급성장하였다. 이러한 경제력을 배경으로 2020년 9월 아르메니아가 실효 지배하는 나고르노-카라바흐(Nagorno-Karabakh)를 무력으로 탈환하였다.

표 1. 코카서스 3국의 인문, 정치, 경제 지표 (출처) World Bank (2021), GNI per capita, PPP; CIA (2021), World Factbook.

비고	조지아	아르메니아	아제르바이잔
영토 규모	69,700 sq km	29,743 sq km	86,600 sq km
인구 (2021년 7월)	4,933,674 명	3,011,609 명	10,282,283 명
언어	조지아어	아르메니아어	아제르바이잔어
주요 종교	조지아 정교	아르메니아 사도교회	무슬림 시아파
실질 GDP 총액 (2020년)	523억 달러	373억 달러	1,385 달러
1인당 GNI (구매력 평가 / 2019년))	15,230 달러	14,470 달러	14,370 달러
무역규모 (2020년)	150억 달러	88억 달러	308억 달러

■ 코카서스 3국간 관계

코카서스 3국간 관계는 여러 이해관계가 얽혀 복잡하고 미묘하여 3개국 간 실질적인 정치, 경제 및 외교적 협력은 극히 미미하다. 아르메니아와 아제르바이잔은 두 차례에 걸쳐 전쟁을 치를 정도로 적대적 관계로 양국 간 국경은 폐쇄되어 있고, 일체의 교류도 진행되지 않는다. 이와 같이 아르메니아와 아제르바이잔간 적대관계로 조지아를 포함해 3국을 한데 묶은 협력기구는 존재하지 않는다.

아르메니아와 조지아는 다방면에 걸쳐 우호적 관계를 유지하며 교역도 활발하다. 그러나 조지아 내에는 2014년 기준 아르메니아인이 약 20만 명이 거주하며 비공식

통계로는 40여만 명에 달한다. 특히 남부 삼츠헤-자바헤티주(Samtskhe-Javakheti)에는 11만 명의 아르메니아인이 거주하여 인구의 54%를 점한다. 이와 같이 조지아 인구의 5-10%를 점하는 거대한 아르메니아 공동체의 존재로 양국은 민족문제에 있어 긴장관계를 갖는다.

반면 아제르바이잔과 조지아는 에너지, 운송, 무역 및 관광 등 다방면에서 활발한 협력관계를 구축하였다. 조지아 내 아제르바이잔인은 2014년 통계에 따르면 약 28만 명으로 조지아 인구의 6.5%를 점해 조지아 내에서 가장 큰 소수민족 공동체를 형성하고 있고, 아르메니아인과 유사하게 대부분 농촌지역에 거주한다. 아제르바이잔과 조지아는 우호적 관계를 유지하므로, 양민족간 표면화된 갈등은 없다.

■ 러시아와의 관계 및 디아스포라

코카서스 3국은 본 지역에서 큰 영향력을 행사하는 러시아와의 관계에 있어서도 시각을 달리한다. 조지아 영토인 압하지야(Abkhazia)와 남오세티야(South Ossetia)는 러시아의 비호아래 자치권을 행사하여 사실상 조지아의 통제가 미치지 못한다. 이러한 이유로 2008년 조지아와 러시아간 전쟁까지 발발하여 양국은 교역과 관광 등에서 교류를 행하지만 정치군사적으로는 긴장관계를 지속하고 있다.

반면 내륙국가인 아르메니아는 적성국인 터키와 아제르바이잔에 둘러싸여 러시아와의 긴밀한 관계는 피할 수 없는 선택이다. 역설적인 사실은 코카서스 3국 중 아르메니아만이 러시아와 국경을 접하지 않는데 가장 긴밀한 협력관계에 있다는 점이다. 아르메니아는 코카서스 3국 중 유일하게 러시아의 주도로 각각 2002년과 2014년에 설립한 집단안보조약기구(CSTO: Collective Security Treaty Organization)와 유라시아경제동맹(EAEU: Eurasian Economic Union)의 회원국이다. 반면 아제르바이잔은 적국인 아르메니아에 대한 러시아의 지원을 이유로 반감을 갖지만, 러시아의 코카서스 지역에서의 영향력을 고려하여 표면상 유대관계를 유지하고 있다.

아르메니아와 아제르바이잔은 역사적 요인으로 본토보다 해외에 자국인이 더욱 많이 분포한다. 아르메니아인은 20세기 초 터키의 제노사이드를 피해 해외로 대거 이주하여 미국, 러시아, 프랑스 및 레바논 등지에 약 550-800만 명의 아르메니아계가 거주한다. 아제르바이잔 역시 오랜 페르시아의 지배의 역사로 이란에 약 1,500-2,000만 명의 자국인이 거주한다. 2000년대 들어 에너지 수출로 아제르바이잔 경제가 성장하면서 이란 내 아제르바이잔인들이 본국과 긴밀한 관계를 형성하면서 이란 정부를 긴장시키고 있다.

조지아: 와인과 스탈린

■ 배경

와인은 조지아의 정체성이며 영혼이다. 조지아는 기원전 6,000년경 최초로 인류가 포도주를 재배한 유서 깊은 곳이며, 337년 아르메니아에 이어 두 번째로 기독교를 공인한 국가이다. 조지아는 20세기 들어 소련의 치하에 들어가 소련 공산당 서기장 스탈린(Joseph Stalin)과 냉전이 저물어가는 시기 소련의 마지막 외무장관이며 후에 조지아의 대통령이 된 정치인인 세바르나제(Eduard Shevardnadze)를 배출한 국가로 널리 알려져 있다.

미국에서 자국 내 주의 명칭과 동일한 조지아가 일반인들에게 알려진 계기는 1963년 공전의 히트를 기록한 영화 아르고 황금대탐험(Jason and the Argonauts)의 배경이 되어서다. 본 영화는 그리스 전설에서 50인의 영웅을 일컫는 아르고가 황금양모를 구하기 위해 콜키스(Cholkis)로 향하는 모험을 그렸다. 그리스 전설에 나오는 콜키스가 현재의 흑해연안의 조지아이다.

조지아는 남코카서스에 위치하며 흑해를 통해 동유럽과 연결되며 러시아, 터키, 아르메니아와 아제르바이잔과 국경을 접하는 코카서스 지역의 길목을 점하는 위치에 있다. 이러한 지리적 위치로 조지아는 아르메니아와 함께 기독교 세계와 유럽문화의 동쪽 끝을 경계 짓는 국가라는 각별한 의미를 갖는다.

조지아는 기원전 4세기경부터 왕국을 세워 번영하였으나 기원전 66년 로마에 점령당하였고 이후에는 페르시아 제국의 오랜 지배를 받았다. 5세기경부터 조지아의 수도가 된 트빌리시(Tbilisi)는 19세기 초 제정 러시아 시대에 코카서스 전역을 관할하는 총독이 거주하였던 곳으로 현재도 코카서스에서 관광과 문화의 중심도시이다.

조지아인들은 1184년부터 약 40여 년간 터키동부와 이란북부까지 영토를 넓히고 문화적으로 번성한 타마르 여왕(Queen Tamar the Great)이 재위한 조지아왕국(Kingdom of Georgia)을 황금기로 생각한다. 그러나 조지아는 짧은 전성기를 뒤로하고 13세기부터 20세기 초까지 몽골, 터키, 이란과 러시아의 지배를 받고, 20세기 초에는 소련에 점령되었다가 1991년 독립하여 현재에 이른다.

북방 문화정치의 접점:

■ 조지아의 정체성: 와인, 기독교와 문자

고고학적 조사에 의하면 조지아의 와인제조 역사는 적어도 8,000년 전으로 거슬러 올라간다.

점토로 만든 큰 독인 크베브리(Kvevri)에서 발효하는 전통적인 와인제조 방식은 현재에도 이어져 2013년에 유네스코의 무형문화제로 지정되어 있다. 조지아에서 인류 역사상 최초로 와인이 탄생한 배경에는 일조량과 기후 등 최적의 기후조건과 포도재배에 적합한 질 좋은 토양으로 구성된 완만한 구릉지가 넓게 펼쳐져 있기 때문이다. 조지아에서는 오랜 와인의 역사로 포도덩굴은 전통적인 건축과 회화는 물론이고 국가의 문양에도 새겨져있다. 조지아인들의 와인에 대한 애정은 각별한데 와인은 단순한 술이 아니라 국가의 상징이며 민족의 정체성이다.

와인산업은 핵심적 산업으로 공산주의 시절에는 몰도바와 함께 공산권의 주요한 와인 공급지였다. 공산주의 말기 1985년 당시 소련의 고르바초프(Mikhail Gorbechev) 서기장은 반알콜 정책을 강력히 시행해 보드카와 맥주와 함께 와인 가격을 인상하고, 판매제한 조치를 취해 조지아 와인산업이 한때 위기를 맞기도 하였다. 그러나 공산주의 붕괴 이후 와인산업은 조지아의 대표적인 산업으로 성장해 전국 각지에 수많은 소규모의 와인어리가 산재해 해마다 많은 방문객이 찾는다. 조지아 내에서는 수도인 트빌리시의 동부에 위치한 카헤티 주(Kakheti)가 대표적인 와인산지로 조지아 포도재배의 70%가 본 지역에서 이루어진다.

조지아의 와인은 전 세계로 수출되지만 주 수출지역은 구 소련연방으로 러시아, 우크라이나, 카자흐스탄, 벨라루스 및 라트비아 등이며 역시 공산권 국가였던 폴란드도 주요 수출국이다. 그러나 조지아는 유럽연합 회원국이 아니며, 서유럽 와인 생산국에 비해 마케팅과 물류가 뒤처지고, 인지도도 낮아 가장 큰 와인시장인 서유럽으로의 수출은 미미하다.

사진 2. 조지아에서 규모가 가장 큰 크바렐리(Kvareli) 와인하우스 (출처) 송병준

조지아의 국기는 십자가를 모티브로 만들어졌고 국명은 성 조지(St. George)에서 유래 할 정도로 기독교는 조지아의 국가적 정체성이다. 그러나 조지아 정교회(Georgian Orthodox Church)는 오래 동안 정교회 내에서 독립교회의 지위를 갖지 못하다가 최근인 1989년 동방 정교회의 수장이라 할 수 있는 콘스탄티노폴리스 세계 총대주교청(Ecumenical Patriarchate of Constantinople)로부터 독립교회로서 인정되었다.

조지아는 2002년 조지아 정교회와 정부 간 체결한 정교협약(Concordat)으로 교회의 특별한 지위가 보장되지만 세속국가로서 종교는 정치와 엄격히 분리되어 있다. 조지아 정교회는 동방 정교회(Eastern Orthodox Christian)의 시초로 2008년 역시 정교회 국가인 러시아와 전쟁으로 관계가 악화되었을 당시에도 양국의 정교회는 활발히 교류를 하였다. 이러한 정교회간 유대감으로 조지아 정교회는 러시아를 배제하고 유럽 및 미국과의 관계심화를 꾀하는 정부와 종종 갈등을 빚기도 하였다.

조지아는 인구 500만 명에 불과한 소국이지만 고유한 언어를 갖고, 아르메니아와 더불어 알파벳과 키릴 문자와 무관한 독창적인 문자를 사용한다. 역사학자들은 조지아가 기원전 7세기경부터 고유한 문자를 사용

했다고 주장한다. 그러나 현대의 조지아 문자의 기원은 기원전 284년 고대 조지아 왕국의 국왕 파르나바즈 1세(King Pharnavaz I)가 그리스 알파벳을 참조하여 창제하였다는 것이 정설이다. 아르메니아의 고대 문헌에는 아르메니아 문자를 창안한 성직자이며 언어학자인 마슈토츠(Mesrop Mashtots)가 조지아 문자도 함께 만들었다고 기록되어 있는데, 조지아인들은 이를 부정한다. 조지아 문자는 조지아를 상징하는 포도나무 넝쿨을 모티브로 창제되었다는 설도 존재하며, 아름다운 조형미로 유명하다.

1959년 이스라엘의 베들레헴(Bethlehem)의 교회에서 430년 전에 새겨진 모자이크에 조지아 문자가 발견되어 최소한 5세기경에는 널리 사용되었을 것으로 추정된다. 이후 조지아 문자는 11세기까지 시기를 달리하여 성직자들이 쓰는 문자가 추가되어 3가지 형태로 발전하여 현재까지 전해진다. 조지아는 전 세계 인구의 약 0.06%에 불과한데 페르시아와 러시아의 오랜 지배 속에서도 고유한 문자를 유지한 것은 경이로운 일이다. 조지아 문자는 독창성과 역사성을 인정받아 2016년에 유네스코의 세계무형문화유산으로 등재되었다.

조지아는 유구한 역사로 특유의 건축양식이 유명한

데 일찍이 기독교가 보급되어 교회 건축이 발달하였다. 10세기 무렵에 확립된 둥근 지붕과 십자가 형태의 웅장한 외관으로 구성된 조지아 십자돔 양식(Georgian cross-dome style)은 이스라엘, 그리스와 불가리아 등 인근 국가에도 널리 보급되었다. 현재에도 조지아 전역에 전통적인 건축양식의 수도원과 교회 건축물이 산재한다.

■ 스탈린

조지아 출신으로 세계적으로 가장 널리 알려진 인물은 1922년부터 1952년까지 30년간 소련의 공산당 서기장을 지낸 이오시프 스탈린(Joseph Stalin)이다. 조지아인들에게 스탈린은 애증이 교차하는 인물이다. 스탈린은 조지아 출신으로 소련의 공산당 서기장이 되었지만 고국인 조지아에 대해서는 연방내 공화국과 동일하게 엄격하게 통제하였다. 그는 1941년 독일의 러시아 침공 시 자신의 조국인 조지아에서 무려 700,000만 명의 병력을 징발하여 전쟁중 절반이 사망할 정도로 고국에 대한 연민을 갖지 않았다.

그럼에도 스탈린 사후 격하운동이 일자 조지아에서는 대규모 항의시위가 일어 다수의 사상자가 나왔다. 2010년 친미와 친 유럽을 표방한 조지아 정부가 수도인 트빌리시(Tbilisi)에서 스탈린 동상을 철거하자 이에 반대하는 소요가 일정도로 조지아인들의 스탈린에 대한 애정은 각별하다. 현재에도 스탈린의 고향인 조지아의 고리(Gori)는 공산주의 붕괴 이후 쇠락한 산업도시가 되었지만 중심가에는 그의 동상이 서있으며, 스탈린 박물관도 운영되어 여전히 독재자를 기리는 정서가 팽배하다.

■ 정치적 안정과 친 유럽 노선

조지아는 1991년 소련으로부터 독립 이후 쿠데타와 시민혁명을 겪으며 불안전하지만 서유럽식의 민주주의와 자유 시장경제를 유지하고 있다. 조지아는 독립직후 4년간 쿠데타로 혼란을 겪다 소련의 마지막 외무장관 출신 셰바르나제(Eduard Shevardnadze)가 집권하였다. 그러나 셰바르나제 정부는 무능과 부패로 2004년 장미혁명(Rose Revolution)으로 불리는 평화적인 시민혁명으로 붕괴되었다.

이후 시민혁명을 주도한 사카슈빌리(Mikheil Saakashvili)가 대통령으로 취임하여 전면적인 경찰개혁을 진행하고 부정부패 단속과 관광산업 육성으로 경제성장을 기하였다. 그러나 사카슈발리 대통령은 재임 중 외교적 오판으로 2008년 러시아와 전쟁을 치루고, 집권 후반부로 접어들면서 부정부패로 국민의 신임을 잃어 2013년 선거 패배 후 우크라이나로 망명하였다. 이후 조지아는 정치적으로 안정되어 코카서스 3국 중 가장 앞선 민주주의 시스템을 유지하고 있다.

조지아는 1991년 소련으로부터 독립 이후 친미와 친유럽과 탈러시아정책을 표방하고 유럽연합(EU)과 북대서양조약기구(NATO) 가입에 주력하였다. 그러나 유럽연합은 터키 동부에 위치한 지정학적 요인, 정치경제적 낙후 그리고 본 지역에서 러시아의 영향력 등 다양한 요인들로 조지아를 포함한 코카서스 3국은 동반자 관계(partnership relation)로 남겨두어 가입을 배제하였다. 북대서양조약기구 가입 역시 국경을 맞댄 러시아를 자극하여 코카서스 전역에서 군사적 긴장을 유발할 수 있다는 점에서 실현 가능성이 희박하다.

이러한 현실을 인지하는 조지아는 유럽연합 보다는 미국과의 관계에 주력하여 폴란드 등과 함께 유럽 내 대표적인 친미국가로 지목된다. 이외에 조지아는 국경을 접하는 러시아와는 2008년 전쟁 이후 정치적 관계를 거의 단절하였다. 그러나 조지아의 에너지 다변화정책에도 불구하고 2018년 기준 천연가스의 약 50%가 러시아로부터 들어오고 관광산업도 러시아 관광객에게 크게 의존하므로 러시아와는 소원한 가운데 실리적 관계를 유지하고 있다. 또한 국경을 접한 터키와 아제르바이잔과는 에너지, 관광, 운송 및 무역 등 경제적 측면에서 교류가 활발하다.

조지아는 사실상 농업 이외에 별다른 산업이 없는데 2010년 이후 관광산업에 집중적인 투자를 하여 2020년 코로나 펜더믹 이전에 유럽에서 관광객이 가장 빠르게 증가하는 국가였다. 2006년 조지아의 관광객 수는 약 100만 명 수준이었는데, 2018-2019년 930만 명의 관광객을 유치하여 GDP의 7.5%를 점할 정도로 중요한 산업이 되었다.

북방 문화정치의 접점:

03

조지아: 민족분규의 진원지

■ 민족의 용광로

조지아는 아르메니아와 유사하게 1990년대 초 독립과 함께 민족분규에 휩쓸려 정치적으로 큰 혼란을 겪었다. 조지아는 인구 500만에 불과해 유럽의 아일랜드와 비슷한 규모이지만 민족의 용광로라는 표현이 걸맞게 다양한 민족이 거주하였던 지역이다. 이러한 역사로 북서부 흑해연안의 압하지아(Abkhazia) 그리고 북부의 남오세티아(South Ossetia) 지역은 러시아의 지원을 받는 소수민족이 사실상 반 독립상태에 있다. 또한 조지아 정부는 서남부 흑해연안에 거주하는 또 다른 소수민족인 아자리아인(Adjarian)의 독립을 저지하기 위해 아자리아 자치공화국(Autonomous Republic of Adjar) 지위를 부여하여 각별하게 관심을 기울인다.

아르메니아는 아제르바이잔 영토 내 자국인이 거주하는 나고르노-카라바흐를 두고 아제르바이잔과 두 차

례에 걸친 전쟁까지 벌이며 갈등이 이어지고 있다. 반면 조지아는 영토 내에서 러시아가 지원하는 압하지아와 남오세티아 내 소수민족의 분리독립으로 분쟁을 겪는다는 점에서 조지아의 민족갈등은 조지아와 러시아와의 충돌이라고 할 수 있다.

압하지아와 남오세티아는 모두 국제사회에서 조지아의 영토로 인정받고 있지만 행정력이 미치지 못하고 실질적으로 러시아가 관할한다. 2014년 11월 러시아는 압하지아와 동맹과 전략적 동반자 관계 협정(treaty on alliance and strategic partnership)을 체결하여 안보는 물론이고 여러 인프라를 제공하고 있다. 이에 대응하여 2016년 조지아 정부는 현실적 방안으로 자치지역으로 결정하여 행정구역상 자국영토임을 주장하고 있다. 한편 조지아 정부는 남오세티아에 대해서는 기존의 행정구역인 츠한빌리지방(Tskinvali Region)으로 두고 별다른 지위부여를 하지 않고 있다.

압하지아와 남오세티아의 분리독립의 근본적 원인은 1921년 조지아를 점령한 소련의 민족분리정책에 기인한다. 조지아를 점령한 소련은 남오세티아를 자치주(Autonomous Oblast)로 분리하였고, 1931년에는 압하지아에게 자치공화국(Autonomous Republic) 지위를 부여해 민족 간 연대를 차단하였다. 이후

1990년대 소련을 계승한 러시아는 압하지아와 남오세티아를 자국 영토인 북코카서스와 코카서스 3국이 위치한 남코커서스간 일종의 완충지역으로 삼아 영향권아래 두는 정책을 취하여 왔다. 따라서 조지아는 압하지아와 남오세티아 분쟁의 근원은 러시아의 지정학적 이해로 생각하며 궁극적으로 분쟁 대상국은 러시아라는 시각이 짙게 드리워있고, 반러시아 감정이 팽배하다.

사진 3. 조지아 내 압하지아, 남오세티아와 아자리아 지역
(출처) Wikiimedia.org. Map of Georgia with Abkhazia and South Ossetia highlighted 수정보완

■ **압하지아 분쟁**

압하지아는 기원전 9세기부터 고대 조지아 왕국의 영토였으며 기원후에도 조지아의 통치를 받았고 이후

조지아와 함께 오스만제국과 러시아의 지배를 받았다. 조지아 역사학자들은 압하지아와의 오랜 관계를 들어 이들이 조지아인의 일파라는 주장을 통해 영토 통합의 근거를 제공하였다. 1991년 소련으로부터 독립 후 조지아의 초대 대통령에 취임한 감사후르디아(Zviad Gamsakhurdia)는 압하지아와 남오세티아의 완전한 통합을 주장하는 민족주의였다. 이에 1992년 8월 감하후르디아 대통령의 영토 통합 정책에 위기를 느낀 압하지아 분리주의자들과 조지아간 무력충돌이 발생하였다.

13개월간 진행된 압하지아와 조지아간 충돌은 소련 붕괴 이후 독립국가연합 내에서 일어난 가장 격렬한 전쟁으로, 약 5,400여명이 사망 혹은 실종되었다. 전쟁에서 승리한 압하지아 분리주의자들은 본 지역인구의 절반을 점하는 조지아인에 대한 인종청소를 단행하여 25만여명의 조지아인이 추방되었다. 이후 압하지아는 러시아의 비호하에 조지아의 통제력이 미치지 못하는 자치지역으로 남았다가 1999년에 독립을 선언하였다. 압하지아는 독립을 선언하였지만 산업기반이 전무해 러시아의 경제적 지원과 관광객만으로 재정을 유지하며 사실상 러시아의 보호 하에 있다.

2008년 조지아와의 전쟁을 승리로 이끈 러시아는 전격적으로 압하지아의 독립국 지위를 인정하였다. 당시 전쟁에서 패한 조지아의 사카슈빌리(Mikheil Saakashvili) 대통령은 압하지아 문제는 더 이상 조지아내의 이슈가 아니라 러시아와 나머지 문명국가간 대결이라고 주장하며 국제사회의 도움을 요청하였다. 그러나 미국과 유럽 국가들은 코카서스의 작은 국가 내에서의 내분으로 치부해 큰 관심을 기울이지 않았다. 다만 국제사회에서는 압하지하를 조지아의 영토로 인정하고 러시아를 비롯한 일부 국가만이 독립을 인정하고 있다.

■ 남오세티아 분쟁

한편 조지아는 독립과 동시에 같은 기간 압하지아와 함께 남오세티아에서도 분쟁을 치렀다. 조지아 측의 주장에 따르면 남오세티아는 역사적으로 조지아 영토로 이란계 민족인 오세티아인이 19세기 이후 정주하였다고 주장한다. 반면에 남오세티아인은 자신들의 선조가 고대 이래로 코카서스 산맥 일대서 여러 타 민족과 함께 공존하였다고 한다. 양측의 거주기원 논쟁은 상이하지만 20세기 초까지 양민족간 통혼도 활발하고 별다른 충돌 없이 공존하였다.

그러나 소련의 붕괴로 조지아인과 오세티아인의 오랜 공존은 끝나고 생존권을 위한 갈등이 야기되었다. 1991년 조지아가 소련으로부터 독립하자 남오세티아 자치주(South Ossetian Autonomous Oblast)의 오세티아인들은 조지아로의 병합을 거부하면서 현지 조지아인과 갈등이 야기되었다. 1989년 소련의 붕괴 직전 남오세티아 인구의 67%는 조지아인이었고 오세티아인은 30%에 불과하였기 때문에 오세티아인은 조지아로 병합 시 추방 혹은 소수민족으로 전락한다는 위기감을 가졌다.

1991년 1월 조지아군은 남오세티아 수도 츠한빌리(Tskhinvali)로 진격하면서 양측 간 교전이 발발하였다. 그러나 압하지아와 두 개의 전선에서 싸울 여력이 없는 조지아는 1992년 3월 러시아의 중재로 휴전을 맺었다. 휴전의 결과 남오세티아는 조지아와 오세티아 반군이 영토를 양분하여 불안전한 공존이 형성되었다. 또한 본 전쟁으로 1,000여명의 사상자가 발생하였고, 본 지역의 조지아 주민 23,000여명이 조지아로 피신하였고 오세티아 주민 40,000여명도 러시아로 이주하였다.

1990년대 초 소련으로부터 독립과 함께 압하지아와 남오세티아에서의 민족분규에 따른 평화협정 체결로 본 지역에는 조지아, 러시아 및 오세티아군이 주둔하며 전쟁도 없지만 평화도 없는 긴장관계가 오랫동안 유지되었다. 그러나 2007년 11월 압하지아와 뒤이어 2008년 8월 남오세티아 분리주의자들이 기습적으로 조지아인 거주 마을을 습격하였고, 이에 조지아는 군을 동원해 츠힌발리에서 남오세티아 분리주의자들을 격퇴하였다.

남오세티아는 조지아의 영토이지만 사실상 러시아의 지원과 관할로 유지되는 곳이다. 러시아는 자국 영토 침범을 명분으로 정예군을 동원하여 조지아군을 몰아내고 조지아 국경을 넘어 스탈린의 고향 고리(Gori)까지 진격하였다. 결국 미국과 북대서양조약기구의 개입과 당시 프랑스 대통령인 사르코지(Nicolas Sarkozy)의 적극적인 중재로 조지아에서 러시아군이 철수하면서 전쟁은 종료되었다.

2008년 조지아-러시아간 5일간의 전쟁은 남오세티아에서의 민족 간 충돌이 발단이다. 그러나 이면에는 2004년 장미혁명으로 집권한 조지아의 사카슈빌리(Mikheil Saakashvili) 대통령의 노골적인 친 서방 정책에 따른 남코카서스 일대에서 지정학적 이해를 고수하려는 러시아의 대응이라는 분석이 유력하다.

04

아르메니아: 코냑과 기독교

■ 배경

아르메니아는 코카서스 3국 중 인구와 영토규모가 가장 적고, 국토의 50% 이상이 해발 2,000m에 위치하며 바다가 없는 내륙 국가이다. 아르메니아 영토는 남북으로 길게 형성되어 중앙이 소코카서스 산맥(Lesser Caucasus)으로 가로 막혀있고 동부는 아제르바이잔 그리고 남서부는 아제르바이잔의 고립영토인 나흐체반(Naxcivan)으로 둘러싸여 남부지역의 경제발전에 제약이 많다. 이에 따라 소코카서스 산맥너머 남부는 북부에 비해 낙후되어 이다. 아르메니아는 지정학적으로 불리한 입지와 20세기 초 터키가 자행한 민족학살로 인구도 크게 감소하고, 일부 광물자원 이외에는 별다른 자원도 없어, 우크라이나, 몰도바, 코소보 등과 함께 유럽에서 경제적으로 가장 뒤쳐진 국가이다.

아르메니아는 유럽동부에서 조지아와 같이 기독교

세계의 수호자로 오랜 역사를 갖는 국가이다. 아르메니아 민족은 이미 기원전 860년에 현재의 터키 영토인 동부 아나톨리아와 남코카서스 일대에 우라르투 왕국(Kingdom of Urartu)을 세우고 번영하였다. 당시 우라르투 왕국은 로마동쪽에서 가장 큰 나라였다. 서기 301년에는 아르메니아 왕국이 로마보다 앞서 최초로 기독교를 공인하였다. 수도인 예레반(Yerevan)은 기원전 782년에 건설되어 로마보다 오래된 도시로 노아의 방주가 도착한 곳이라는 전설이 전해져 내려오는 유서 깊은 곳이다.

그러나 아르메니아는 이후 그리스, 로마, 비잔틴 제국, 페르시아, 몽골, 아랍 그리고 터키의 침공과 지배를 받으며 아나톨리아 일대의 영토를 상실하고 남코카서스의 소국이 되었다. 19세기부터는 코카서스 일대로 남하한 제정 러시아에 지배되었다가, 1918년에 잠시 독립하였으나 1920년에 다시 소련의 침공으로 공산화되었다. 이후 1991년에 독립하였지만 곧바로 아제르바이잔과 전쟁을 치르고, 2008년에도 역시 아제르바이잔과의 전쟁으로 고립영토인 나고르노-카라바흐(Nagorno-Karabakh)의 상당부분을 상실하여 정치적으로 불안정하고 경제적으로 어려운 상황에 있다.

아르메니아는 이스라엘과 함께 대표적인 디아스포라

국가로 1차 대전 기간인 1915-17년 터키의 아르메니아인 추방으로 100만 명이 이상이 사망하였다. 또한 학살을 피해 아르메니아인들이 전 세계로 흩어져 미국, 러시아, 레바논 및 프랑스 등지에는 아르메니아인 공동체가 형성되어 있다. 아르메니아는 현재에도 제노사이드를 인정하지 않는 터키와 적대적 관계에 있으며, 국경을 폐쇄하고 최소한의 경제관계만 유지하고 있다.

사진 4. 코라비랍 수도원(Khor Virap)과 아라라트 산(Mount Ararat)
(출처) 송병준

■ 아르메니아의 정체성 : 기독교, 문자와 코냑

세계 최초로 공인한 기독교, 고유한 문자 그리고 코
냑은 오랜 역사를 갖는 아르메니아인의 정체성과 민족
적 자긍심의 뿌리이다. 아르메니아 사도교회(Armenian A
postolic Church)는 오리엔탈정교회(Oriental Orthodox)로
가톨릭과 동방정교(Eastern Orthodox)에 속하지 않는 독
립적인 교회이다. 역시 기독교 도입의 역사가 깊고 아
르메니아 교회와 같은 뿌리에서 출발한 조지아 교회는
7세기경 독립하여 동방정교로 분화하였다.

독특한 점은 아르메니아 사도교회의 총주교 본부가
적대관계에 있는 터키 아나톨리아의 동남부인 킬리키
아(Cilicia)에 위치한다는 점이다. 이러한 이유는 아르메
니아가 오랫동안 주변국의 숱한 침략으로 종교적 탄압
을 받으며 총주교 본부를 본토에서 멀리 떨어진 곳으
로 옮겼기 때문이다. 이와 같이 아르메니아에서 기독
교는 310년 최초의 기독교 공인이라는 민족적 자긍심
과 외세의 탄압역사를 동시에 보여준다.

아르메니아어는 인도-유럽어족 중에서 발틱 3국 언
어와 알바니아어 등과 함께 사용자가 가장 적은 언어
로 본토와 해외 아르메니아인을 포함해 사용인구는 약
800만 명에 불과하다. 아르메니아 역시 조지아와 함께

라틴과 키릴문자와 완전히 다른 고유문자를 갖고 있다. 아르메니아 문자는 서기 405년 언어학자이며 사도교회 성인으로 아르메니아 역사의 아버지(Father of Armenian History)로 추앙받는 마슈토츠(Mesrop Mashtots)가 국민들에게 성경을 보급하기 위해 창안하였다. 문자의 창안으로 아르메니아 민족의 일체감이 형성되어 오랜 외세의 지배 속에서도 아르메니아 민족의 정체성을 지킬 수 있었다.

아르메니아 문자를 창안한 마슈토츠는 그리스, 페르시아 및 아시리아 등의 문자를 깊이 연구하여 언어적 활용성 뿐 아니라 조형미에도 각별한 관심을 기울였다. 이에 따라 아르메니아 문자는 시각적으로 심미안적인 요소를 지녀 실내장식과 회화 등 다방면에서 문자를 응용한 디자인이 적용되었다. 2005년 아르메니아 문자 제정 1,600년을 맞아 정부 차원에서 예레반 인근에 아르메니아 문자 39개를 상징하는 조형물을 조성하여 많은 관광객이 찾는 명소가 되었다.

아르메니아 역시 조지아와 함께 유사한 지형과 기후로 와인제조 역사가 매우 오래되었다. 고대 그리스 문헌에는 아르메니아 지역의 와인과 맥주에 대한 언급이 많이 기록되어 있다. 조지아가 와인의 종주국으로 알려져 있지만 아르메니아 역시 조지아와 유사한 시기인 기원전 6,000년경부터 와인을 재배하였다. 2011년 아르메니아 남부 아레니 동굴(Areni cave)에서 기원전 6,100년경으로 추정되는 포도를 담은 용기와 압착기기가 발견되어 아르메니아의 와인제조 역사가 조지아보다 앞선다는 주장이 게기되고 있다.

역설적으로 아르메니아는 소련의 지배를 받으면서 와인보다는 코냑이 공산권에서 큰 인기를 얻어 코냑의 나라로 널리 알려지게 되었다. 소련의 공산당 서기장 스탈린(Joseph Stalin)은 아르메니아 코냑 애호가로 잘 알려져 있다. 1945년 2차 대전 후 세계질서를 논의한 얄타회담(Yalta conference)에서 아르메니아 코냑을 접한 영국수상 윈스턴 처칠(Winston Churchill) 역시 아르메니아 코냑에 반해, 스탈린은 매년 400명의 코냑을 처칠에게 선물하였다는 이야기가 전해져 내려온다. 이러한 인연으로 서방세계로 아르메니아 코냑이 최초로 수출된 곳이 영국이다. 현재도 아르메니아 코냑은 동유럽과 중앙아시아 지역에서 널리 즐긴다.

아르메니아는 20세기 초 터키의 학살을 피해 많은 사람들이 해외로 도피하여 해외 각지에서 아르메니아 공동체를 형성하였다. 주목되는 점은 이들 전 세계에 흩어진 아르메니아인과 후손들은 특별히 음악분야에서 두각을 나타내어 많은 예술인들이 배출되었다. 아르메니아 출신으로 가장 유명한 인물은 프랑스의 국민가수로 대중음악의 신으로 불리는 샤를 아즈나부르(Charles Aznavour)이다. 1924년 아르메니아 이민가정으로 프랑스에서 출생한 아즈나브르는 2018년 94세로 사망할 때까지 프랑스의 국민가수이며 송라이터로 전 세계적으로 1억 8,000만장의 음반을 판매하였다. 그는 부모의 조국을 위해 아르메니아의 외교관으로도 활동하여 아르메니아에서도 국민적 영웅으로 추앙받는다.

미국의 유명한 팝가수 쉐어(Cher)도 아르메니아계이며, 러시아, 터키, 이란과 레바논 등 아르메니아계가 다수 거주하는 국가에서는 아르메니아계 대중음악인들이 다수 활동하고 있다. 이외에도 아르메니아는 클래식과 전통음악 분야에서 세계적으로 유명한 예술가들을 많이 배출하였다.

■ 정치와 경제

아르메니아는 1991년 소련으로부터 독립 후 민주주의 정치시스템을 유지하고 있다. 그러나 매 선거마다 40여개가 넘는 정당이 난립하고 정치권은 무능하고 부패하여 불안정한 정정이 이어지고 있다. 아르메니아 역시 조지아와 유사하게 정치권의 부패로 시민혁명을 겪었다. 2008부터 10년간 대통령을 역임한 세르지 사르키샨(Serzh Sargsyan)은 2018년 퇴임 후에도 총리직을 역임하며 권력을 누리다 결국 벨벳혁명(velvet revolution)으로 실각하고, 같은 해 니콜 파시냔(Nikol Pashinyan) 총리가 취임하였다.

전임자와 달리 반러시아 성향이 강한 파시냔 총리는 러시아에 대한 의존완화를 위해 친유럽정책을 추진하였다. 그러나 2020년 9월 2차 나고르로-카라바흐 전쟁에서 아르메니아의 패배로 파시냔 정부는 국민들로부터 거센 퇴진 압박을 받고 있다. 이와 같이 아르메니아는 독립 이후 30여년이 넘게 정치권의 무능과 부패로 불안정한 민주주의 체제가 지속되고 있다.

아르메니아는 지정학적으로 불리한 여건과 취약한 경제기반으로 국가의 생존을 위해 벨라루스와 유사하게 러시아에 경제와 군사 등 다방면에서 의존관계에 있다. 동시에 아르메니아는 친유럽연합과 친미노선을 취해 경제적으로 많은 지원을 받고 있다. 특히 미국에는 제노사이드를 피해 이주한 아르메니아인들이 거대한 공동체를 형성하여 의회와 행정부에 친아르메니아 정책을 이

끄는 압력단체 역할을 한다. 아르메니아는 또한 현실적 이유로 러시아와 밀접한 관계를 유지하지만 장기적으로 유럽연합 가입을 고려하고 있다. 그러나 아르메니아는 정치, 경제적 낙후와 무엇보다도 터키 넘어 동쪽에 위치한 지리적 조건 그리고 러시아의 영향력으로 현실적으로 유럽연합 가입은 요원하다.

아르메니아는 내륙국가로 농업 이외에 별다른 산업기반이 없고 영토의 좌우에 위치한 터키와 아제르바이잔과 국경이 폐쇄되어 교역은 조지아와 이란을 경유하여 이루어진다. 또한 러시아로부터 에너지 수입에 의존한 가운데 아제르바이잔과 영토분쟁으로 국력을 낭비해 경제적 상황이 매우 열악하다. 또한 내부적으로는 고질적인 빈부격차와 부정부패 만연으로 지하경제규모가 GDP의 약 1/3에 달할 것으로 추정된다. 2020년 나고르노-카바라흐 전쟁에서 패하고 코로나 펜더믹으로 유럽연합을 포함한 국제사회의 지원이 줄어들고, GDP의 10-15%를 점하는 해외거주 아르메니아인의 송금액도 감소하여 경제적으로 더욱 어려운 상황에 처해있다.

아르메니아:
제노사이드와 디아스포라

■ 아르메니아 대학살(Armenian Genocide)

비잔틴 제국을 붕괴시킨 오스만튀르크는 16세기부터 아르메니아를 지배하였다. 오스만튀르크는 제국 내에 기독교도를 핍박하여 수차례에 아르메니아인들이 봉기를 하였고 이때마다 많은 아르메니아인들이 학살당하였다. 1800년대 중반에는 적게는 10만 많게는 30만 명의 아르메니아인이 사망한 하미디안 대학살(Hamidian Massacres)이 자행되었다. 20세기 들어서는 1909년 술탄 압뒬 하미트 2세(Abdul Hamid II) 시기에 자행된 아다나 대학살(Adana Massacre)로 2만에서 2만 5천여 명의 아르메니아 기독교인이 사망하였다.

이후 세계 제 1차 대전 기간인 1915~1917 기간에 오스만튀르크는 최소 80만 명에서 최대 150만 명의 아르메니아인을 학살하였다. 아르메니아 대학살(Armenian Genocide) 혹은 아르메니아인 민족 재배치로 불리는 20세기 최초의 집단학살은 오스만튀르크 정부의 계획적인 아르메니아인 인종청소이다. 오스만튀르크를 계승하여 1923년에 건국한 터키공화국은 현재까지도 아르메니아 대학살을 부인하며 사망자가 과도하게 부풀려졌다고 주장한다.

오스만튀르크 제국은 1914년부터 시작된 1차 대전시 독일과 오스트리아-헝가리제국과 함께 동맹을 맺고 참전하였다. 전쟁이 발발하자 코카서스 일대에서 일부 아르메니아인이 러시아를 도와 터키에 대항하였다. 이에 오스만튀르크는 제국 내에 흩어져 살고 있는 아르메니아인이 독립을 위해 적국인 러시아와 내통할 수 있다는 의심을 품었다. 1915년 4월 오스만튀르크는 앙카라(Ankara)와 콘스탄티노플(Constantinople) 등 대도시에서 아르메니아 지도자들을 체포해 살해하였다. 한 달 뒤 5월 오스만튀르크는 동부 전쟁이 벌어지고 있는 아나톨리아에서 아르메니아인을 터키 밖으로 축출하면서 대학살로 이어졌다. 2016년에도 2차 대이동으로 약 20만 명이 또다시 추방되어 대부분 사망하였다.

오스만튀르크는 아르메니아 성인남성을 징발하여 군대에서 노동력으로 활용한 뒤 학살하였다. 여성, 어린이 및 노약자는 시리아 사막으로 추방하였는데 인솔한 오스만튀르크 군대는 식량을 갈취하여 대부분은 이동

중 질병과 기아로 사망하고 젊은 여성에 대한 강간 등 반인륜적 행위를 하였다. 이외에도 오스만튀르크는 10-20만 명의 아르메니아 여성과 아동을 강제로 이슬람으로 개종시켜 무슬림 가정의 하인으로 부리는 반인륜적 조치를 취하였다. 이러한 오스만튀르크의 대학살로 아나톨리아에 오래 동안 정착하였던 200만 명의 아르메니아 기독교 공동체는 붕괴되었고, 그리스정교 신자들도 대부분 본국으로 귀환하였다.

■ 아르메니아 대학살의 여파

다수의 역사학자들은 아르메니아 대학살을 실존하는 역사적 사실로 인정하고 있으며 이에 대한 많은 연구를 하였다. 대표적으로 1916년 역사학자 아놀드 토인비(Arnold J. Toynbee)는 아르메니아 대학살을 조사하여 60여만 명의 아르메니아인들이 사망하였다고 결론 내렸다. 그러나 토인비가 이러한 주장을 내놓은 이후에도 1923년까지 대학살은 이어져 최소 100만 명 이상이 사망하였다는 것이 정설로 받아들여지고 있다. 아르메니아와 전 세계에 흩어진 아르메니아계 후손들은 4월 24일을 아르메니아 대학살의 날(Day of the Armenian Genocide)로 명명하여 희생자를 기리고, 터키정부의 공식적 사과와 보상을 요구하고 있다.

폴란드계 유대인인 라파엘 렘킨(Raphael Lemkin)은 아르메니아 대학살에 큰 충격을 받고 1943년 전쟁 등을 통한 조직적인 대학살을 지칭하는 제노사이드(genocide)라는 어휘를 만들고 국제적 차원에서 제노사이드 주동자를 처벌할 수 있는 협약을 제안하였다. 이와 같이 국제사회에서 제노사이드는 곧 오스만튀르크에 의해 자행된 아르메니아인의 대학살로 인식되었다. 1951년 1월 UN은 국가, 인종, 종교를 이유로 한 제노사이드 행위의 처벌을 담은 협약을 제정하였다. 2001년 5월 유럽 48개국이 가입한 통합기구인 유럽평의회(Council of Europe)는 20세기 초 오스만튀르크가 자행한 제노사이드를 인정하는 결의안을 발표하였다. 2015년 4월 유럽연합(EU) 역시 유럽의회(European Parliament)가 150만 명의 아르메니아인 학살을 인정하는 결의안을 작성하였다.

2021년 미국의 바이든 행정부는 아르메니아 제노사이드를 공식적으로 인정하여 미국 내 아르메니아 공동체의 오랜 로비가 결실을 맺었다. 2021년 기준 세계적으로 33개 국가가 아르메니아 제노사이드를 인정하고 있다. 그러나 오스만튀르크를 계승한 터키 정부는 여전히 아르메니아인의 재배치는 적법한 조치였다는 입장을 고수하여 아르메니아 대학살을 부정하고 여하간의 사과와 보상조치도 거부하고 있다.

그러나 아르메니아 대학살이 점차 사실로 굳어지면서 터키에서도 동정여론이 일고 있다. 2021년 터키 이스탄불에 위치한 독립적인 싱크탱크인 경제외교정책연구센터(Centre for Economics and Foreign Policy Studies)의 조사에 따르면 조사대상자의 54%는 터키정부의 아르메니아 대학살에 대한 인정과 사과 혹은 유감을 표명하였다. 이외에 나머지 46%는 응답을 거부하거나 터키정부의 입장을 반복하였다.

■ 아르메니아 디아스포라

2021년 기준 아르메니아의 인구는 300만 명을 다소 상회한다. 그러나 전 세계 각지에 최소 550만 명에서 800만 명의 아르메니아인과 그 후손이 흩어져 살고 있다. 아르메니아는 오랜 역사와 외세의 침략으로 이스라엘, 터키, 아제르바이잔, 조지아 및 이란 등 인근 국가에 오래 전부터 공동체를 형성해 거주하였다. 또한 1990년대 초 소련이 붕괴로 러시아를 비롯해 CIS 전역에 아르메니아인이 거주하고 있다.

그러나 본토보다 많은 아르메니아인이 해외에 거주

사진 5. 수도 예레반의 치체르나카베르드(Tsitsernakaberd)언덕에 있는 아르메니아 학살 추모관 (출처) 송병준

하게 된 결정적 계기는 20세기 초 오스만튀르크의 제노사이드이다. 당시 많은 아르메니아인들이 대학살을 피해 단기간에 걸쳐 유럽과 미국 등지로 이주하였다. 이 결과 아르메니아는 아일랜드, 이스라엘과 함께 대표적인 디아스포라 국가가 되었다. 아르메니아는 정부 내에 해외거주 아르메니아인을 관리하는 부처를 두고 지원과 투자유치 등 다양한 업무를 하고 있다. 아르메니아의 GDP의 약 10-15%는 해외의 아르메니아인들의 송금으로 충당되고, 이들은 해외 각지에서 제노사이드를 알리고 국제적 인정에 큰 역할을 하고 있다.

아르메니아인이 가장 많이 분포하는 지역은 러시아,
우크라이나, 벨라루스 등 과거 소련연방 내 지역이며
이어서 미국과 프랑스에 다수의 아르메니아인이 거주
하여 현지에서 거대한 공동체를 형성하였다.

표 2 아르메니아 디아스포라 (출처) Office of the High Commissioner
for Diaspora Affairs (2021), Armenia Diaspora Communities

국가	거주인구
러시아와 CIS 국가	180~290만
미국	100~150만
프랑스	25~75만
조지아	17만
나고르노-카라바흐(Nagorno-Karabakh), 독일, 브라질, 레바논, 이란, 시리아, 아르헨티나	10~15만
터키, 폴란드, 그리스, 호주, 캐나다	5~8만
벨기에, 이스라엘, 영국	3~1만

06

아제르바이잔: 코카서스의 산유국

■ 배경

아제르바이잔은 코카서스 3국 중 영토가 가장 넓고
인구도 상대적으로 많으며, 조지아 및 아르메니아와
여러 차이점을 갖는다. 조지아와 아르메니아는 기원전
부터 왕국을 설립하여 유구한 역사를 갖고, 유럽에서
가장 앞서 기독교를 받아들인 국가들이다. 반면, 아제
르바이잔은 11세기 이후 본격적으로 코카서스 지역에
거주하였고 인구의 대부분이 이슬람이다. 정치적으로도
아제르바이잔은 조지아와 아르메니아가 시민혁명을 겪
으며 불안전한 반면 30여년 이상 알리예프 대통령 일
가가 집권하며 정치적 안정과 경제성장을 이루었다.

아제르바이잔은 국명이 '신성한 불의 나라(The Land
of the Holy Fire)'에서 유래할 정도로 국토 전역에 화
산이 산재하고 유전지대가 넓게 분포한다. 아제르바이

잔 영토 내에는 아르메니아가 실효지배하고 있는 나고르노-카라바흐(Nagorno-Karabakh)가 위치하고, 서쪽에 국경을 접하는 아르메니아 영토너머에 고립영토인 나흐체반(Naxcivan)이 있다. 이러한 국토의 분할로 아제르바이잔의 외교정책의 우선 목표는 영토의 완전한 통합이다.

현재의 아제르바이잔 영토는 고대 이래로 여러 민족이 거주하였던 곳인데 1067년 중앙아시아에서 이주한 셀주크제국(Seljuk Empire)이 들어서면서 그 일파인 아제르바이잔 민족이 본격적으로 정착하였다. 셀주크투르크는 터키민족의 원형으로 터키와 아제르바이잔은 민족, 언어적으로 유대감이 깊다. 아제르바이잔 역시 조지아와 아르메니아와 동일하게 몽골, 페르시아 및 러시아의 오랜 지배를 받다가, 1917년 제정 러시아로부터 독립하였다가 1920년 소련에 점령당해 공산화되었고 이후 1991년 독립하여 현재에 이른다.

■ 종교

아제르바이잔은 인구의 **96-97%**가 이슬람 신자이며, 신자 중 시아파(Shia)가 2/3을 점하고 나머지는 수니파(Sunni)이다. 국민 대다수가 이슬람 신자이지만 헌법에 종교와 정치가 분리된 세속국가를 명시하여 종교 활동은 매우 자유

롭고, 국민들은 종교를 아제르바이잔 민족의 정체성이며 역사로 인식해 종교적 극단주의는 거의 찾아볼 수 없다. 전체 국민의 3.1%~4.8% 정도는 러시아정교(Russian Orthodox)와 조지아정교(Georgian Orthodox) 신자이다. 이외에도 아제르바이잔에는 16,000여명의 유대교 신자들도 자유로운 신앙생활을 한다. 2003년 수도 바쿠에 유럽에서 가장 규모가 큰 유대교 교회가 새롭게 건축되었다. 이러한 관대한 종교적 분위기는 이슬람 시아파가 대다수인 이란을 위시한 중동 지역 이슬람 국가와 대조된다.

■ 정치와 경제

아제르바이잔은 독립과 함께 아르메니아와 전쟁을 치러 패하면서 정국은 혼란에 빠져 과거 공산당 서기장을 역임한 헤이다르 알리예프(Heydar Aliyev)가 집권하여 혼란을 수습하였다. 이후 그는 10여 년간 정권을 유지하다가, 건강악화로 2003년 대통령 선거를 통해 아들인 일함 알리예프(Ilham Aliyev)이 권력을 이어 받았다.

알리예프 대통령은 2008년 87%, 2013년 85% 그리고 2018년 86% 등 매 선거에서 압도적인 지지를 받아 재선을 이어갔다. 이러한 국민적 지지를 배경으로 알리예프 대통령은 2016년 헌법 개정을 단행해 부통령직을 신설하였다. 이와 같이 알리예프 일가가 30여년 이상 정권을 유지할 수 있는 동력은 석유와 천연가스 수출에 따른 넉넉한 재정으로 보건, 복지 및 의료 등 다방면에서 정부의 지원을 통해 안정적인 통치를 하기 때문이다.

아제르바이잔은 2000년대 이후 에너지 판매에 따른 경제성장을 배경으로 군사력을 증강하여 코카서스 일대의 지역 강대국으로 성장하였다. 이러한 경제, 군사력을 배경으로 나고르노-카라바흐를 점령한 아르메니아를 견제하고, 터키로 연결된 원유와 천연가스 파이프라인의 안정적 관리를 위해 터키는 물론이고 이웃한 조지아와 정치, 경제적으로 긴밀한 유대를 유지하고 있다. 아제르바이잔의 외교정책의 당면과제는 자국 내에 아르메니아가 점령한 나고르노-카라바흐를 되찾는 것이다. 이에 아제르바이잔은 2020년 본 지역 탈환을 위한 전쟁을 벌여 군사적 우위를 확보하였고, 추후 군사적 조치와 유리한 정치적 환경을 조성하여 나고르노-카라바흐의 완전한 수복을 통한 영토통합을 꾀할 것으로 전망된다.

경제적 측면에서 조지아와 아르메니아는 농업과 관광 이외에 별다른 산업이 없지만, 아제르바이잔은 2018년 규모면에서는 세계에서 24번째의 산유국이며, 2000

년대 이후 천연가스 채굴로 가파른 경제성장이 진행되고 있다. 수도 바쿠(Baku)는 코카서스 3개국 중 가장 인구가 많은 도시이며 2000년대 이후 에너지 수출로 경제가 빠르게 성장하면서 유럽과 아시아를 잇는 국제적인 항구도시로 발전하고 있다.

■ 에너지

아제르바이잔은 코카서스 3개 중 유일한 산유국으로 그 역사는 매우 오래되었다. 아랍인들이 남긴 문헌에 따르면 9세기경에 이미 바쿠에서 석유를 채취하여 연료로 사용하였다. 또한 1273년 카스피해를 방문한 마르코 폴로(Marco Polo)는 바쿠 인근의 유전에서 석유를 채취한다는 기록을 남겼다. 17세기 말에는 바쿠에서 채취한 석유가 인근 페르시아, 인도 및 터키로 수출되었다. 19세기 들어 바쿠의 유전개발이 본격화되어 1846년 제정러시아는 최초로 드릴로 지층을 뚫어 석유를 채취하였고, 1859년에는 세계 최초로 바쿠에 석유정제공장이 들어섰다.

이어서 영국과 프랑스의 민간투자자들이 바쿠에서 석유사업을 개시하였고, 1878년에는 노벨상을 제정한 스웨덴의 알프레드 노벨(Alfred Nobel)의 형제들이 바쿠에

정유회사를 설립하였다. 이러한 오일 붐으로 19세기 말에는 전 세계 석유의 약 절반이 바쿠에서 공급되었다. 20세기 초에는 바쿠 인근에서 새로운 유전이 발견되어 2차 대전 기간인 1941년 소련에서 소비하는 석유의 76%가 아제르바이잔에서 공급되었다. 2차 대전의 형세를 바꾼 스탈린그라드(Stalingrad) 전투는 독일이 바쿠의 유전을 확보하기 위해 필사적으로 러시아를 침공한 것이다.

1991년 독립과 함께 집권한 일리예프 대통령은 정권 안정과 경제개발을 위해 새로운 유전개발에 박차를 가해 1994년 아제리-시라그-구나슬리 유전(Azeri-Chirag-Gunashli Oil Field)을 개발하여 본격적인 채굴이 개시되었다. 이후 1999년에 바쿠 해안에서 샤 데니즈 가스전(Shah Deniz Gas Field)이 발견되어 2001년 터키와 판매협정을 체결하였다. 뒤이어 2006년부터 가스채굴이 시작되었다. 2006년 바쿠(Baku)에서 조지아의 트빌리시(Tbilisi)를 거쳐 터키 남부 제이한(Ceyhan)까지 이어지는 BTC 원유파이프라인, 그리고 2007년에는 역시 바쿠와 트빌리시를 거쳐 터키동부 에르주룸(Erzurum)까지 연결된 BTE 천연가스 파이프라인이 완공되어 에너지 수출이 본격화되었다.

조지아를 경유하여 터키를 잇는 두 개의 파이프라인은 코카서스 3개국의 정치, 경제 지형에 큰 영향을 미

　　　　　　　　　　　　북방 문화정치의 접점:

치고 있다. 파이프라인을 통해 아제르바이잔은 서유럽과 우크라이나까지 천연가스 판매가 가능해져, 경제적으로 급성장하고 있다. 조지아는 러시아에 전적으로 의도한 천연가스 수급을 아제르바이잔으로 돌려 2018년 기준 러시아로부터 수입하는 천연가스 비중은 46.8%로 감소하였다. 또한 아제르바이잔에게는 조지아가 유럽으로 수출하는 에너지 루트의 길목이라는 점에서 파이프라인 완공 이후 조지아와 정치, 경제적으로 관계를 심화하고 있다. 반면, 아제르바이잔에서 유럽으로 최단코스의 길목에 위치한 아르메니아가 철저하게 소외되면서, 아르메니아는 러시아에 대한 에너지 및 정치적 의존이 고착화되었다.

07

아제르바이잔:

나고르노 - 카라바흐 분쟁

■ 나고르노-카라바흐의 역사적 맥락

2020년 9월 아제르바이잔의 침공으로 발발한 2차 나고르노-카라바흐(Nagorno-Karabakh) 전쟁은 남코카서스에서 민족 간 갈등과 주변국의 영향력이 복잡하게 얽힌 정치적 지형을 보여준다. 오랜 기간 아르메니아와 아제르바이잔 모두 나고르노-카라바흐는 명확한 연고를 갖지 않는 회색지대로 남아있었다. 나고르노-카라바흐는 1813년 코카서스 3국을 점령한 제정 러시아가 기독교 세계의 보호막으로 본 지역에 같은 기독교인인 아르메니아인을 대거 이주시키며 아제르바이잔과 분쟁의 씨앗이 되었다는 것이 정설이다.

물론 이전에도 본 지역에는 아르메니아인과 아제르바이잔인이 거주하였지만, 양국 모두 핵심적인 영토는 아니었다. 그러나 아르메니아와 아제르바이잔은 일부 역사적 근거로 나고르노-카라바흐는 지배의 당위성을 주장하여 왔다.

1991년 소련으로부터 독립 직후 아르메니아와 아제르바이잔은 상호간 고대의 적(ancient enemies)이라는 인식과 잠재되었던 뿌리 깊은 불신이 표면화되었다. 이에 양국의 정치 지도자들은 나고르노-카라바흐 분쟁으로 야기된 민족주의를 새로운 국가건설과 권력 강화 동력으로 활용하였다. 1991-93년 1차 나고르노-카라바흐 전쟁의 결과 본 지역은 양국 모두에게 국가통합과 민족적 정체성을 상징하는 인위적 상징으로 변모하였다. 이에 시간이 경과하면서 아르메니아와 아제르바이잔에서는 어떠한 합리적 해결책에도 동의할 수 없는 배타적인 시각이 형성되었다.

아제르바이잔은 1차 나고르노-카라바흐 전쟁의 패전으로 100여만 명의 자국인이 거주지를 떠나 흩어졌으며, 영토의 약 20%를 상실하였다. 이러한 사실은 아제르바이잔에게 국가적 수치로, 시간이 갈수록 알리예프(Ilham Aliyev) 대통령에게 큰 정치적 부담이 되었다. 이러한 동인으로 나고르노-카라바흐에서 군사적 충돌은 피할 수 없게 되었다.

사진 6. 나고르노-카라바흐 지역 (출처) 필자 구성

■ 외세의 개입: 스탈린의 분할과 지배

나고르노-카라바흐를 둘러싼 아르메니아와 아제르바이잔 간 오랜 분쟁은 양국의 고조된 민족주의 이외에 러시아의 정치적 의도가 깊숙이 내재한다. 20세기 초 코카서스 3국을 점령한 소련은 통치과정에서 분할과 지배(divided and rule policy)라는 인위적인 영토분할정책을 취하였다. 당시 스탈린(Joseph Stalin)은 아르메니아계가 다수를 점하는 나고르노-카라바흐를 의도적으로 아제르바이잔 영토로 귀속하고, 아르메니아인이 주도하는 자치주(O blast)를 구성하였다. 이러한 조치는 아르메니아와 아제르바이잔 양 민족 간 긴장관계를 조성하여 본 지역을 보다 효과적으로 통치하기 위한 의도이다.

이후 아르메니아 정부는 지속적으로 나고르노-카라바흐의 완전한 아르메니아 영토 귀속을 요구하였다. 결국 아르메니아는 이러한 요구가 묵살되자 1991년 소련으로부터 독립과 함께 당시 유고슬라비아의 예를 따라 민족자결 원칙을 들어 나고르노-카라바흐의 완전한 독립을 추진하여 아제르바이잔과 군사적으로 충돌하였다.

1차 나고르노-카라바흐 전쟁에서는 러시아가 아르메니아를 암암리에 지원하였다. 2차 나고르노-카라바흐 전쟁 시에도 아르메니아는 러시아가 주도한 집단안보조약기구(CSTO) 회원국임을 들어 군사적 지원을 요청하였다. 그러나 러시아는 나고르노-카라바흐 분쟁이 집단안보조약기구 비회원국인 아제르바이잔 영토 내에서 일어난 군사적 충돌이라는 이유로 이를 거부하였다.

러시아는 상황을 지켜보다 평화협정을 주도하여 전쟁을 종식시키고 본 지역에 평화유지군 형태로 5년 시한으로 자국군을 주둔시키는 합의를 이끌어 내었다. 이미 아르메니아 제 2의 도시 규므리(Gyumri)에 러시아군이 주둔한 상태에서 아르메니아와 나고르노-카라바흐를

북방 문화정치의 접점:

잇는 통로인 라친(Lachin)회랑에 또 다시 러시아군이 주둔하게 되어 본 지역에서 러시아의 군사, 정치적 영향력은 더욱 확대 되었다. 이러한 결과를 두고 다수의 전문가들은 2차 나고르노-카라바흐 전쟁의 최종 승자는 러시아라고 평가하기도 한다.

■ 1. 2차 나고르노-카라바흐 전쟁

1980년대 말 소련 공산당 서기장 고르바초프(Mikhail Gorbachev)의 개방개혁에 따른 이완된 분위기는 아르메니아와 아제르바이잔 양국에서 민족주의를 일깨웠다. 아르메니아 내 급진적 민족주의자들은 1차 대전 시 터키에 상실한 영토회복을 주장하면서 정치권과 사회전반에서 호응을 얻었다. 1991년 8월 모스크바의 쿠데타로 고르바초프의 실각과 소련군의 철군 개시로 나고르노-카라바흐는 힘의 공백지역이 되었다.

이러한 공백기를 틈타 본토의 아르메니아 군이 진주하여 나고르노-카라바흐를 완전히 장악하였다. 아르메니아는 여기서 멈추지 않고, 완충지대로 삼기 위해 추가로 인접한 아제르바이잔 영토의 20%에 달하는 7개 지역까지 점령한 뒤 아르차흐 공화국(Republic of Artsakh)을 설립하였다. 1991-92년 1차 나고르노-카라바흐 전쟁은 아르메니아와 아제르바이잔 양측에서 민간인을 포함하여 15,000 여명의 사망자가 발생하였다. 이외에도 아르메니아에서는 2 50,000여명 그리고 아제르바이잔에서는 약 1,100,000명의 전쟁난민이 발생하여 원거주지를 떠났다.

아제르바이잔은 아르메니아보다 인구도 3배가 많고, 경제력도 앞선다. 그럼에도 1차 나고르노-카라바흐 전쟁의 패전으로 자국 내 영토 내에 타국이 실효 지배하는 영토가 있으며, 인근 영토까지 빼앗기고, 100만 명이 넘는 난민이 발생하였다. 아제르바이잔은 전쟁의 패배를 국가적 수모로 생각하고, 1차 전쟁 이후 치밀하게 군사, 외교적 준비를 진행한 뒤 2020년 9월 2차 나고르노-카라바흐 전쟁을 개시하였다.

2차 전쟁의 양상은 1차 전쟁과 판이하였다. 아제르바이잔은 이스라엘과 터키로부터 들여온 드론을 효과적으로 활용하여 나고르노-카라바흐의 취약 지역을 집중적으로 포격하여, 본격적으로 지상전이 전개되기도 전에 아르메니아군은 괴멸되었다. 아르메니아는 첨단무기로 무장한 아제르바이잔과의 전투에 승산이 없다고 판단하여 러시아에 휴전 중재를 요청하여, 2020년 11월 평화협정 체결로 무력 충돌은 6주 만에 종료되었다.

2차 나고르노-카라바흐 전쟁은 아르메니아의 완전한

북방 문화정치의 접점:

패배로 아제르바이잔은 나고르노-카라바흐의 1/3을 탈환하고, 1차 전쟁 시 상실한 7개의 자국 영토도 완전히 수복하였다. 본 전쟁으로 양국에서 병력 6,000-6,500여 명이 사망하였고, 나고르노-카라바흐 지역에 거주하는 15만 명의 아르메니아인 중 10만 여명이 기반시설이 심각하게 파괴되어 살던 곳을 떠났다.

■ 전쟁의 결과

2차 나고르노-카라바흐 전쟁으로 아제르바이잔의 알리예프 대통령의 정치적 입지는 더욱 공고해졌다. 반면 2018년 벨벳혁명으로 집권한 아르메니아의 파르시얀(Nikol Pashinyan) 총리는 전쟁의 패배의 책임을 물어 퇴진요구가 거세지고, 정국은 혼란에 빠졌다. 무엇보다도 20세기 초 제노사이드의 경험을 들어 나고르노-카라바흐의 영토고수를 민족의 생존 문제로 인식하는 아르메니아 국민들은 큰 상실감을 갖게 되었고, 아제르바이잔에 대한 적개심은 더욱 커졌다.

반면 아제르바이잔은 2차 나고르노-카라바흐 전쟁을 통해 아르메니아 본토와 나고르노-카라바흐를 연결하는 유일한 통로인 라친회랑(Lachin Corridor)과 거점 도시인 슈사(Shusha)도 탈환하여 군사적으로 유리한 입지를 점령

하였다. 이외에도 서쪽의 고립영토인 나히체반(Nakhchi
van)과 본토를 연결할 수 있는 군사적, 정치적 입지도 확
보하였다. 이에 따라 아제르바이잔은 추후 나고르노-카라
바흐와 아르메니아를 경유하여 터키와 유럽까지 운송망
연결이 가능해져 경제적 이해까지 넓히게 되었다. 결국 아
제르바이잔은 국제사회의 시선과 아르메니아계 난민의 거
취 등 여러 부담을 고려해 나고르노-카라바흐를 완전히
탈환하지 않고도 정치적 목적을 충분히 달성하였다.

  아르메니아와 아제르바이잔 간 갈등은 고르디우스의
매듭(Gordian knot)과 같은 전환적인 사고 혹은 현 상태
의 유지 단, 두 가지 해결책만이 존재한다. 그러나 이
해 당사국이 자력으로 문제해결을 꾀할 의지와 능력의
결여되므로, 주변 강대국의 엇갈린 이해로 현재와 같이 '전
쟁은 없지만 평화도 없는 상황(no war, no peace situation)'
이 지속될 것이다.

08

코카서스 3국과 한국

■ 한국과의 교류

한국은 코카서스 3국의 지정학적 중요성에도 불구하고 타 유럽 및 중앙아시아 국가에 비해 정치, 외교적 교류가 활발하지는 않다. 한국은 코카서스 3국과 1992년에 수교를 하였는데, 아제르바이잔에만 상주 대사관을 설치하였다. 조지아는 별도의 대사관을 두지 않고 주 아제르바이잔 대사가 겸임하며, 주 트빌리시 분관이 운영되고, 아르메니아 역시 주 러시아 대사가 겸임한다. 한편 아제르바이잔과 조지아는 모두 주한 대사관을 운영하고 있다. 또한 코카서스 3국 중 양측 간 국가원수가 상호방문이 이루어진 국가는 아제르바이잔이 유일하다.

코카서스 3국은 정부의 신북방정책 대상국 14개에 포함되지만, 주로 경제통상 관계에 집중되어 있다. 그러나 2019년을 기준으로 한국과 코카서스 3개국 간 교역규모는 수출입을 포함하여 약 2억 달러 정도에 불과하며,

투자규모도 누계 기준 1억달러 미만으로 활발한 경제규류가 진행된다고는 볼 수 없다. 2018년 이후 한국에서 코카서스 지역에 대한 관광 붐이 일어 관광객이 급증하였으나 2020년 코로나 펜더믹으로 교류는 끊겼다.

한국은 2014년 아르메니아와 문화, 정보 및 인적교류를 담은 문화협정을 체결하였지만 이외에 특별한 정치, 경제적 관계를 위한 협력은 사실상 전무하다. 조지아와는 2019년 무역, 관광 및 산업 부분에서 협력을 위한 경제협력협정을 체결하였으나 실질적 교류는 미미하다. 아제르바이잔의 경우 양측 간 정부간 경제협력위원회가 발족하여 IT, 환경, 에너지 및 교육 등 여러 부분에서 쌍무협정 체결이 진행되었고 교류협력이 확대되는 추세이다.

■ 코카서스 3국의 잠재력

코카서스 지역은 극히 최근 들어 유럽과 아시아 그리고 러시아와 인도양을 잇는 길목으로 지정학적 중요성이 부각되고 있다. 코카서스 3국은 2010년 후반 들어 중국이 일대일로의 일환으로 기존에 러시아를 경유하여 유럽으로 연결되는 신유라시아 대륙교량(New Eurasian Land Bridge) 이외에 추가로 코카

북방 문화정치의 접점:

서스 지역을 관통하는 중앙아시아-서아시아 경제회
랑(Central Asia-Western Asia Economic Corridor) 논
의로 지정학적 중요성이 커지고 있다. 아제르바이잔
과 조지아는 중국에서 자국을 통과하여 터키로 이
어지는 코카서스 무역운송회랑(TCTC : Trans-Caucasus
Trade and Transit Corridor)에 큰 기대를 걸고 있다.

유럽연합 역시 1990년대 초부터 중국이 추진하는 실
크로드 경제벨트와 유사한 유럽-코카서스-아시아 운송회랑
(TRACECA : Transport Corridor Europe-Caucasus-Asia) 프
로젝트를 추진하고 있다. 중국의 일대일로 계획으로 위협
을 느낀 유럽연합은 유럽-코카서스-아시아 운송회랑을 보
다 적극적으로 추진할 것으로 예상된다. 한편 일대일로에
직접적으로 참여하지 않는 아르메니아는 흑해에서 인도
양과 페르시아 만으로 연결되는 남북회랑(North-South Co
rridor) 구축에 기대를 걸고 있다.

이와 같이 코카서스 지역은 유라시아의 길목으로 중
국, 러시아 및 유럽연합 간 경제적 이해가 깊어 향후
발전가능성이 지대하다. 이러한 점에서 한국은 코카서
스 3국은 시장과 인구규모를 떠나 유라시아의 지정학
적, 경제적 허브라는 측면에서 접근하여 긴밀한 협력
과 교류가 요청된다.